改訂版 私立・国立

小学校入試 類似問題集

模写・点図形A

Shinga-kai

A 20秒 B 1分

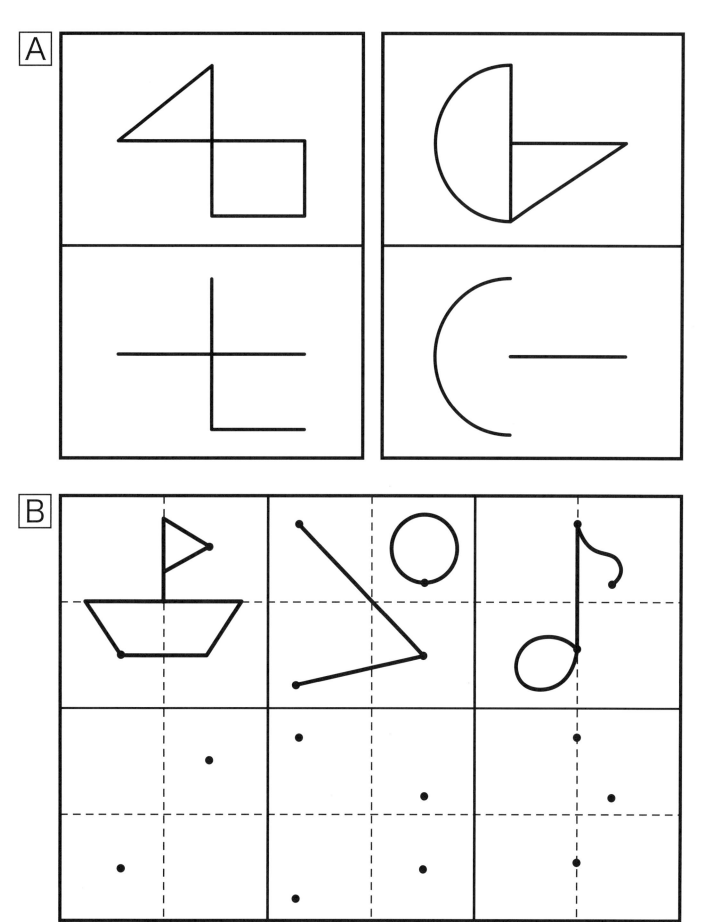

A

B

C

A

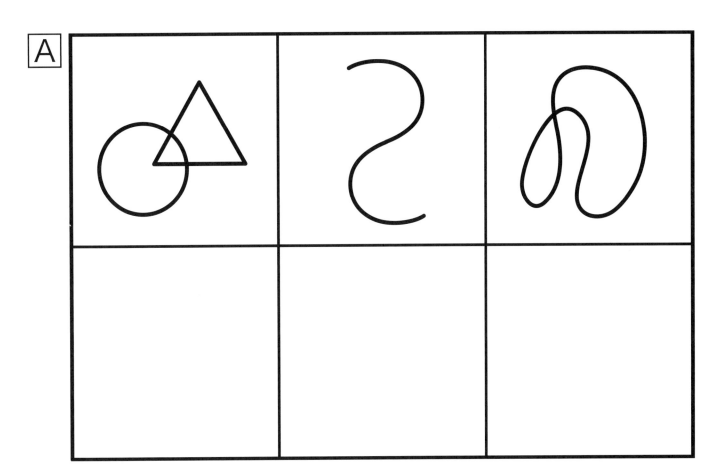

B

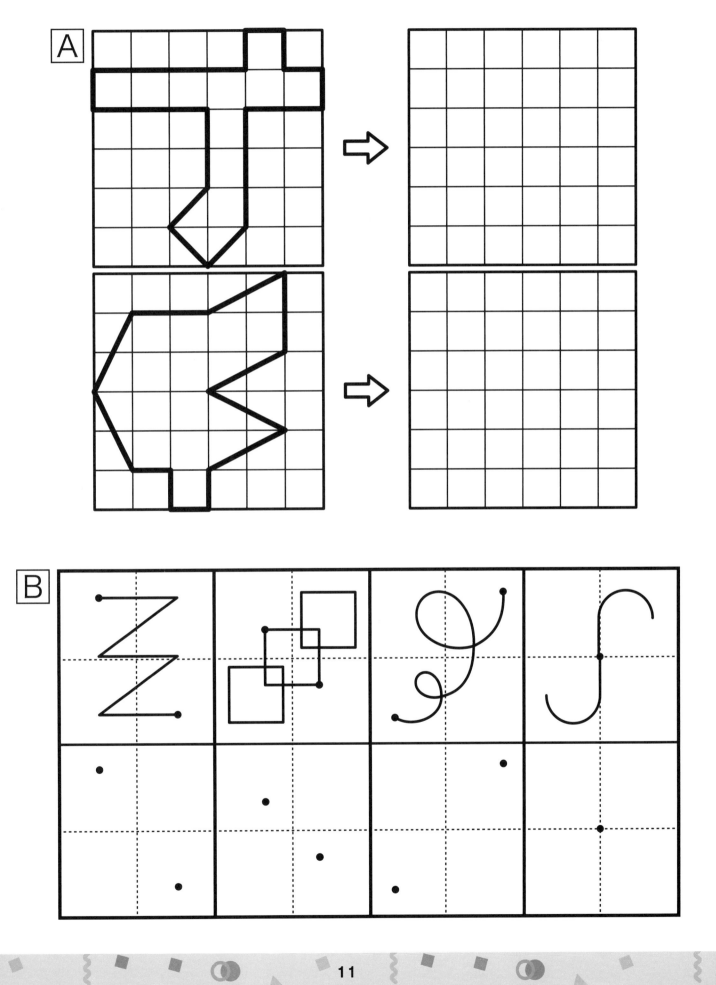

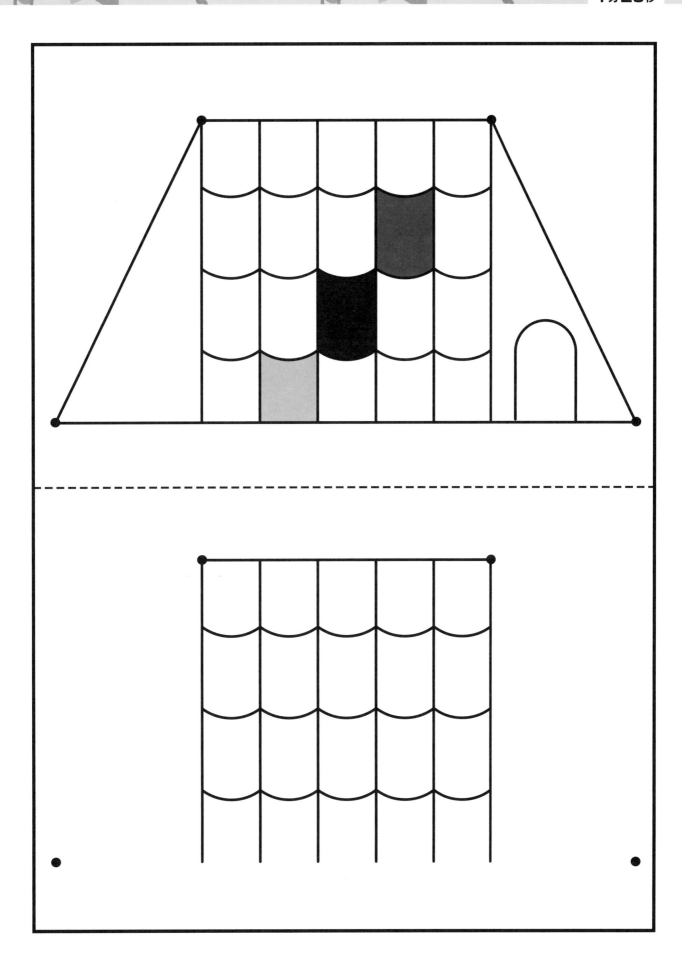

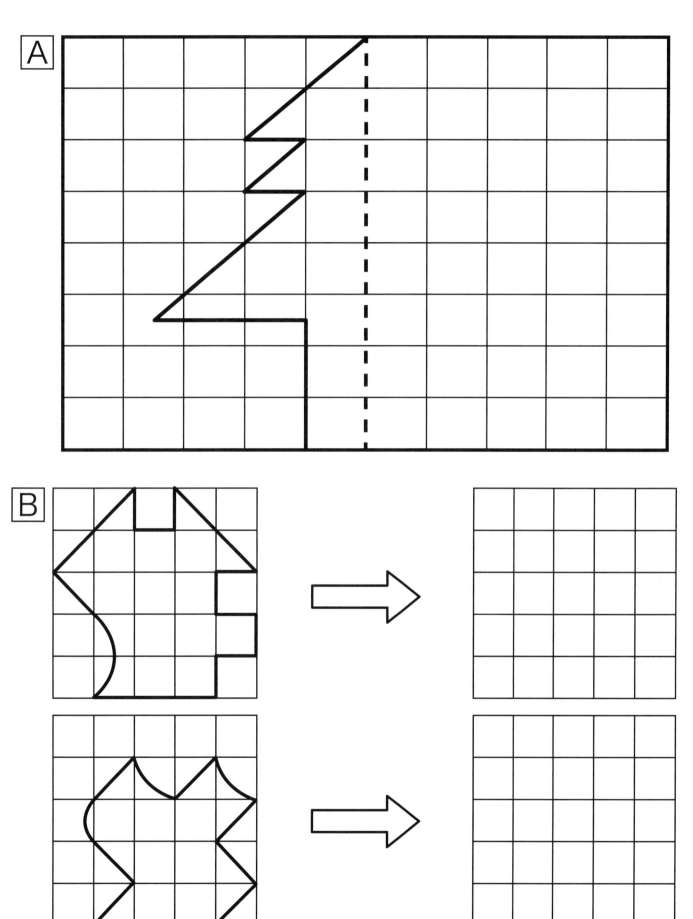

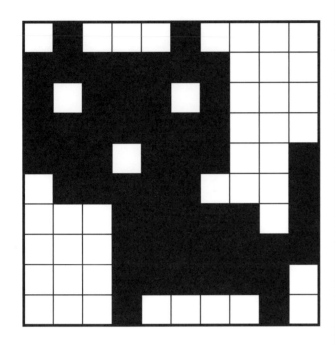
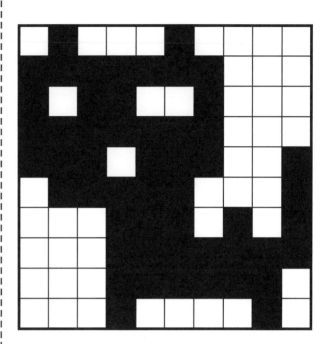

模写⑧

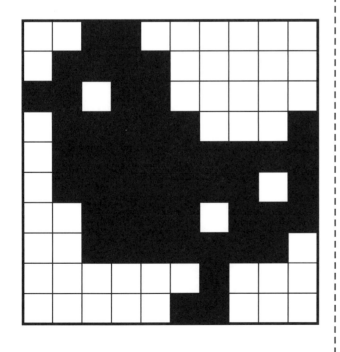

1分20秒

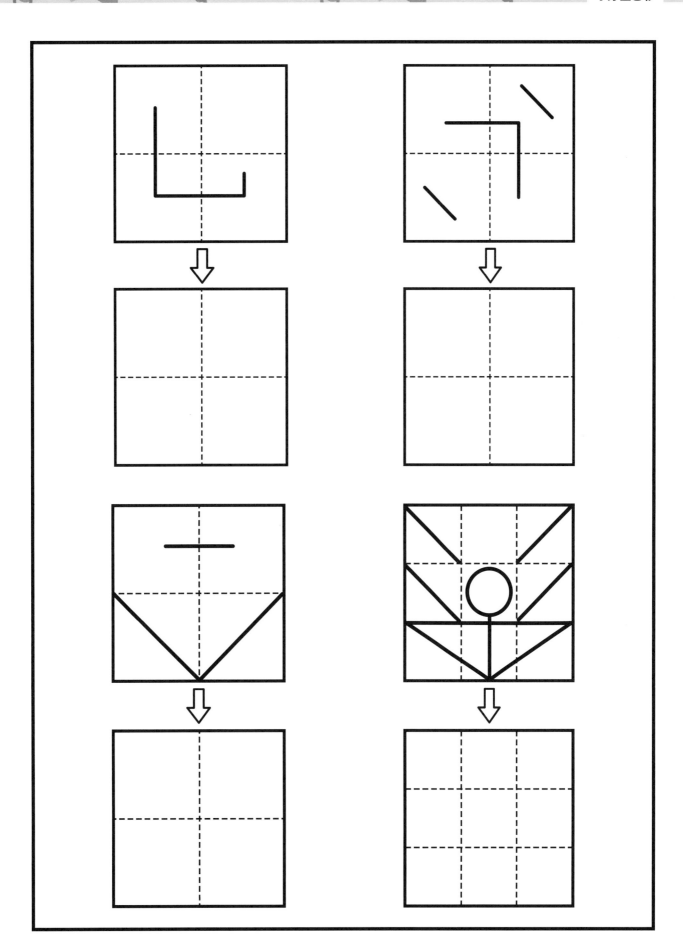

模写⑨

1分30秒

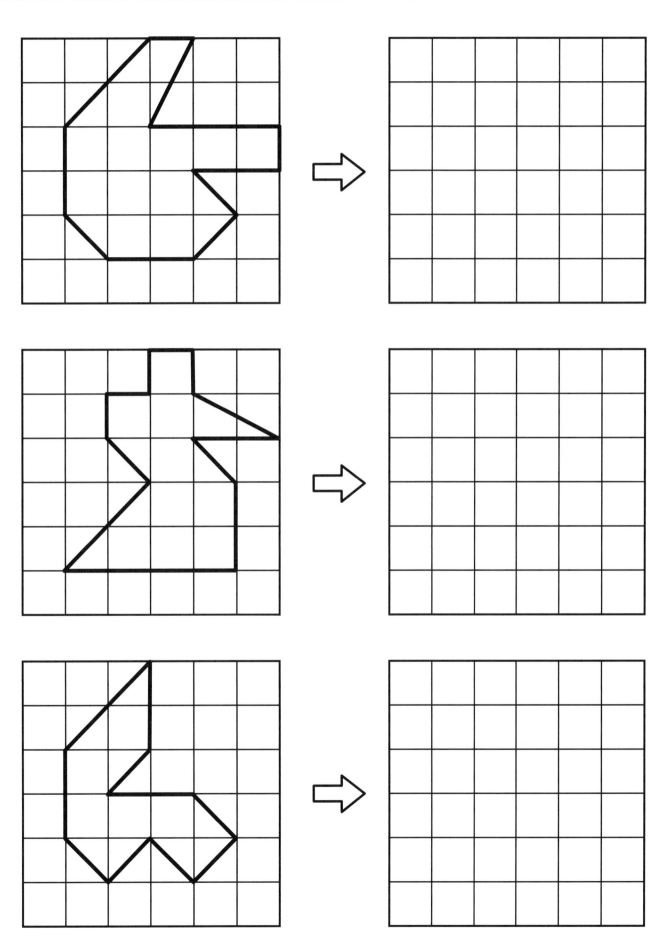

A

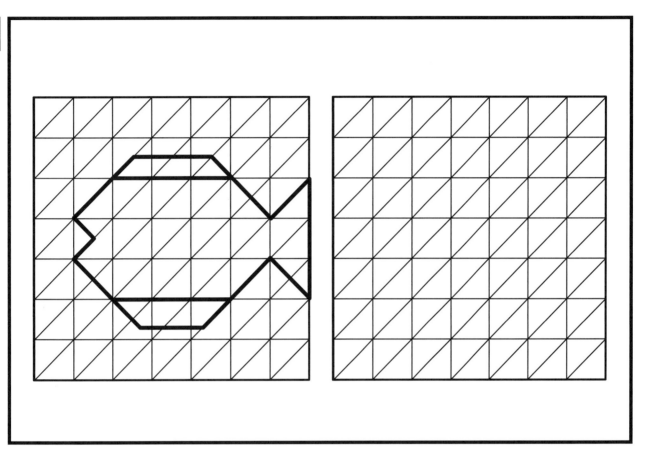

B

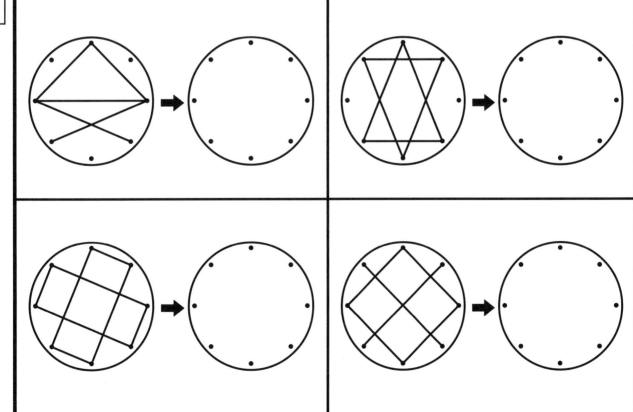

1分15秒

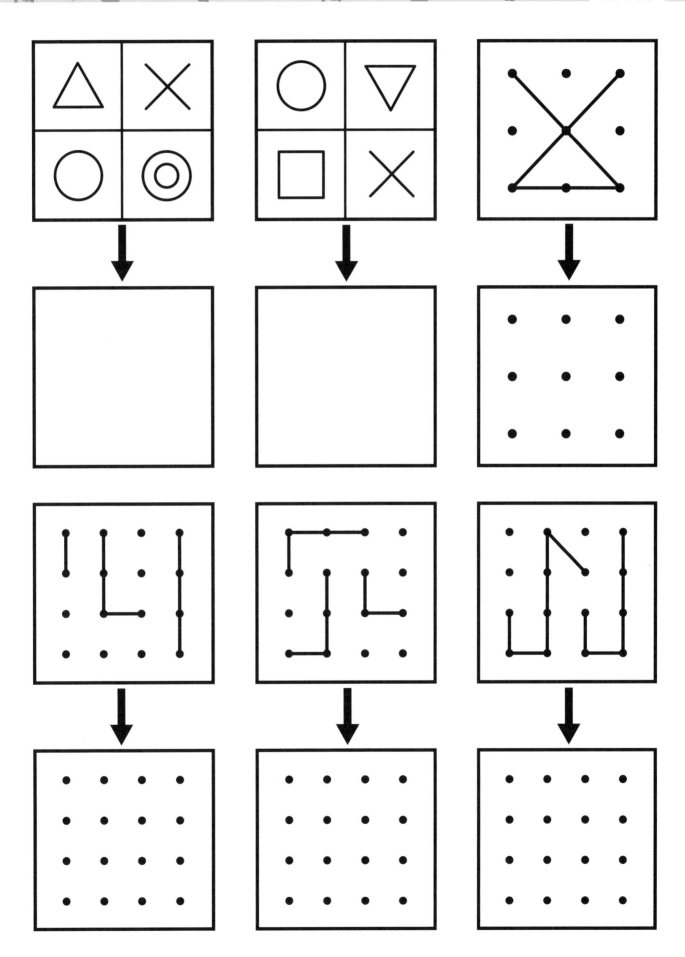

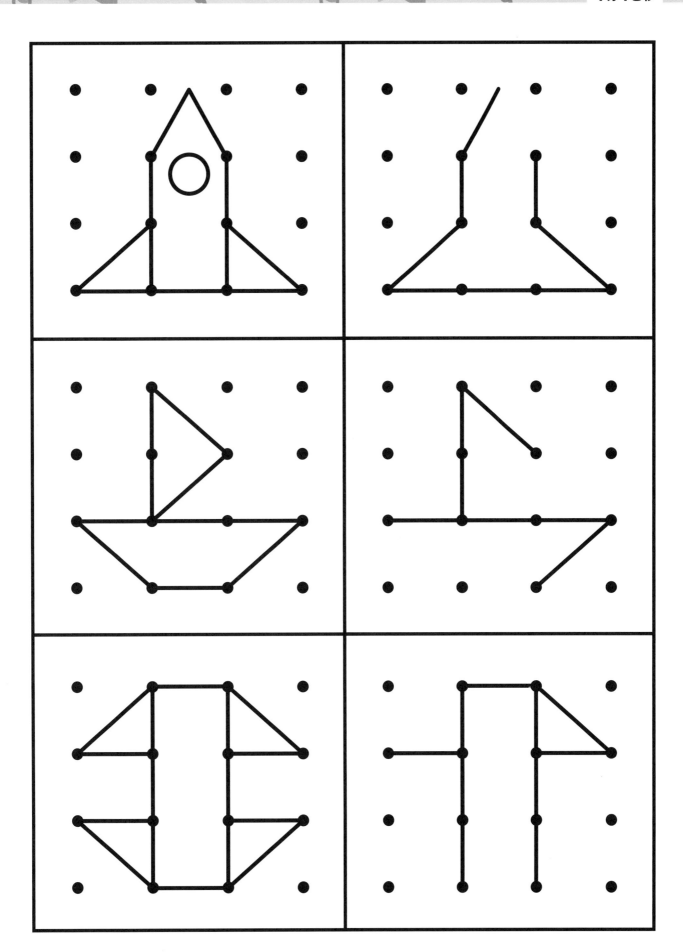

1分30秒

Ⓐ

Ⓑ

A

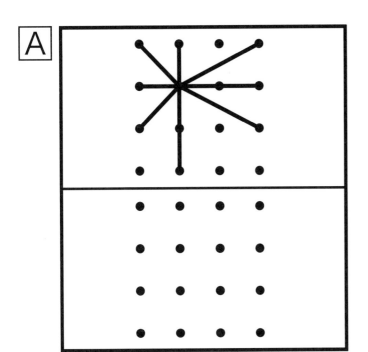

B

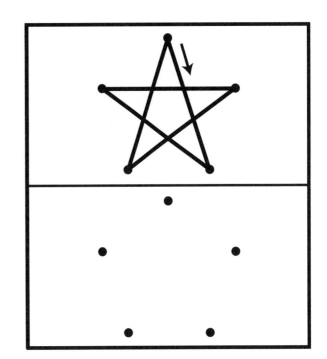

A 45秒　B 1分

A

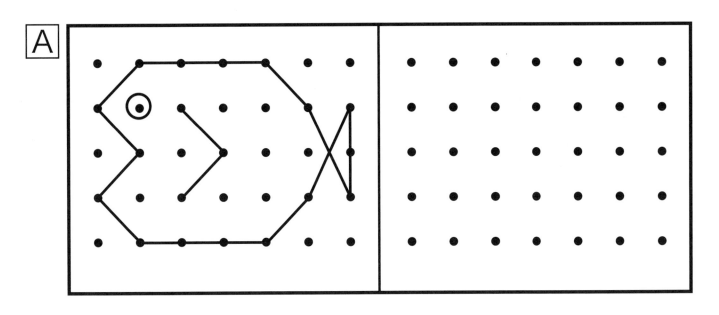

B

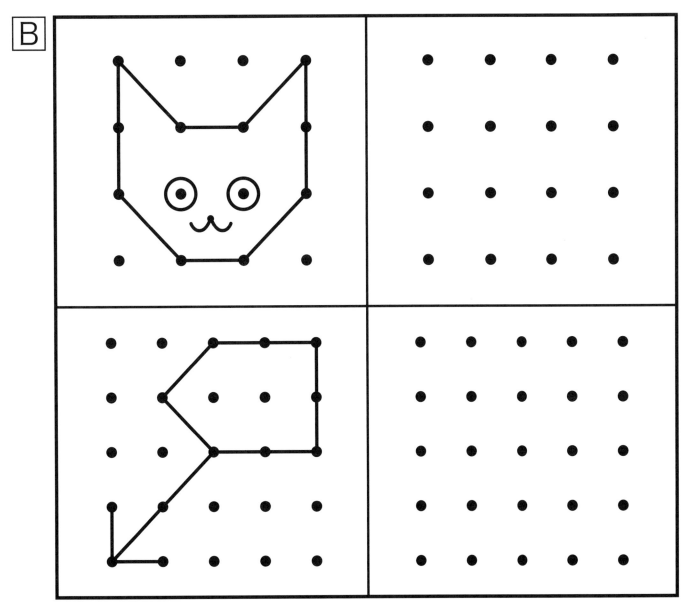

1分30秒

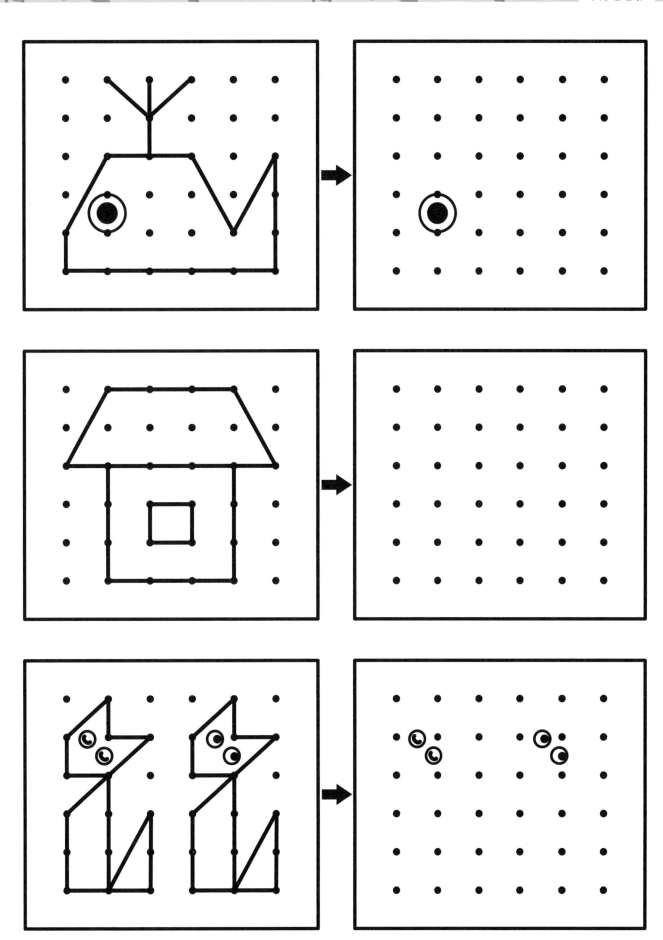

1分30秒

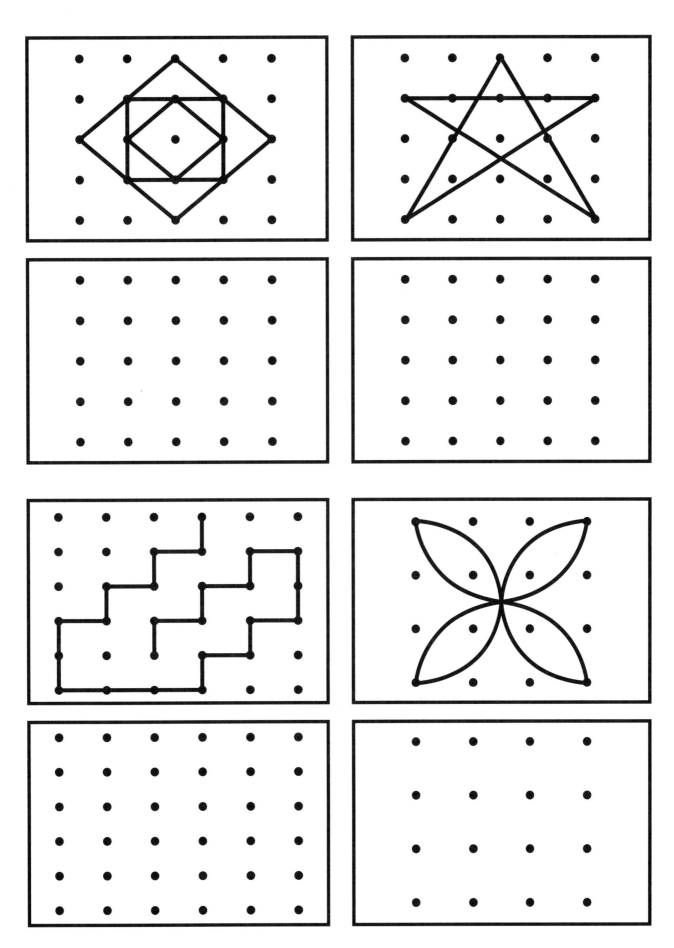

2分

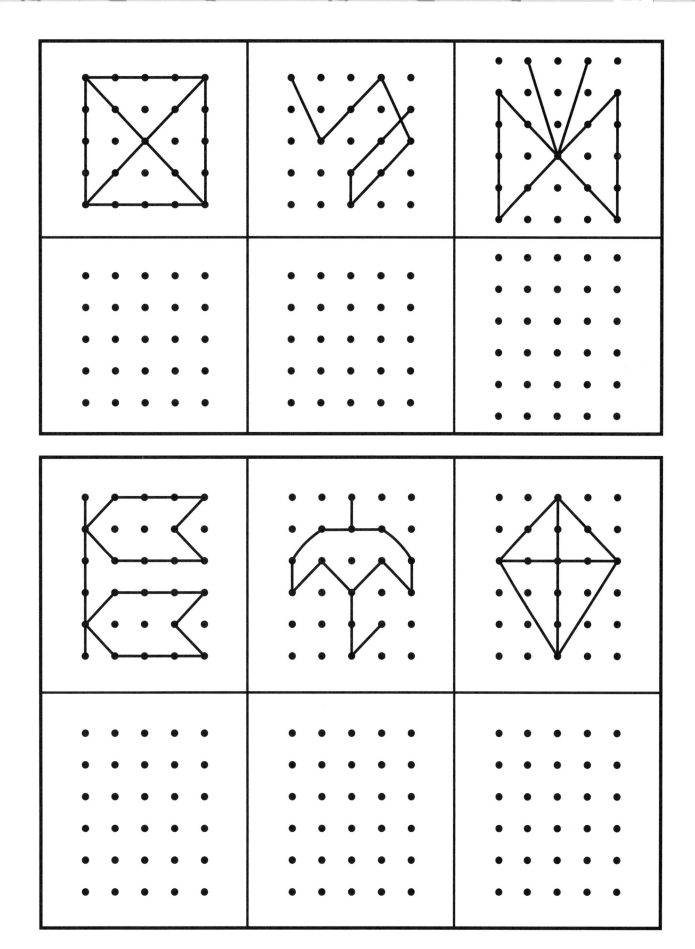

1分30秒

〈例題〉

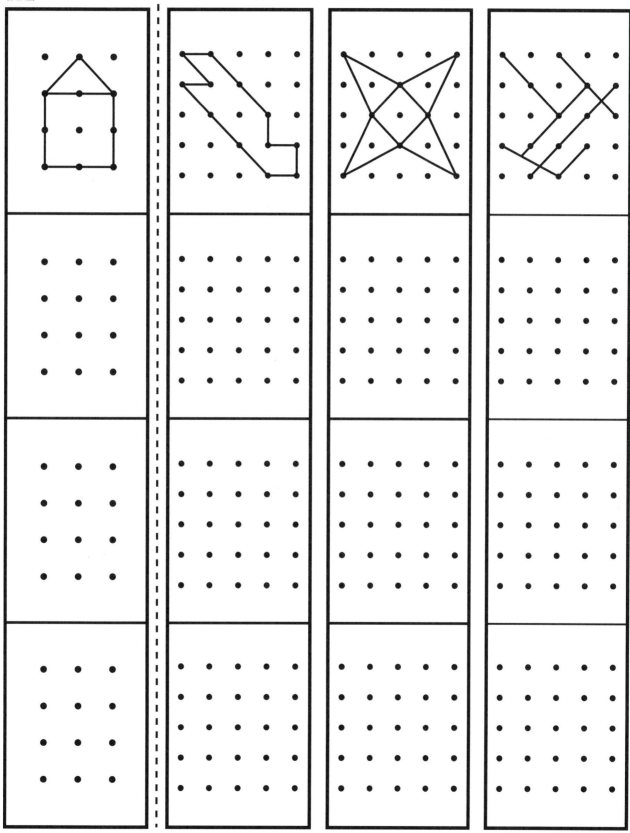

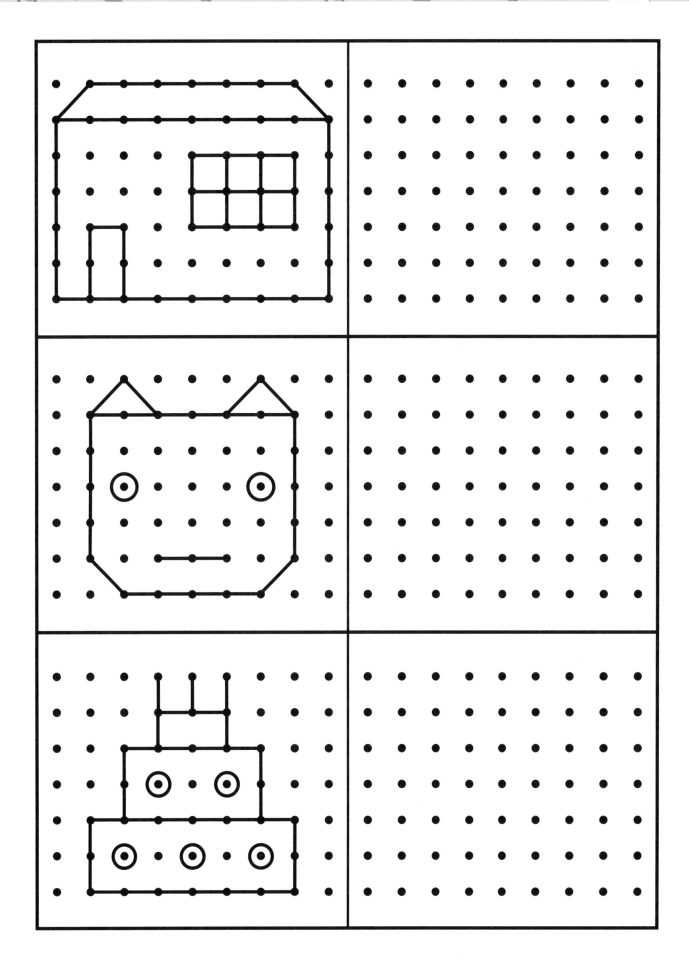

2分30秒

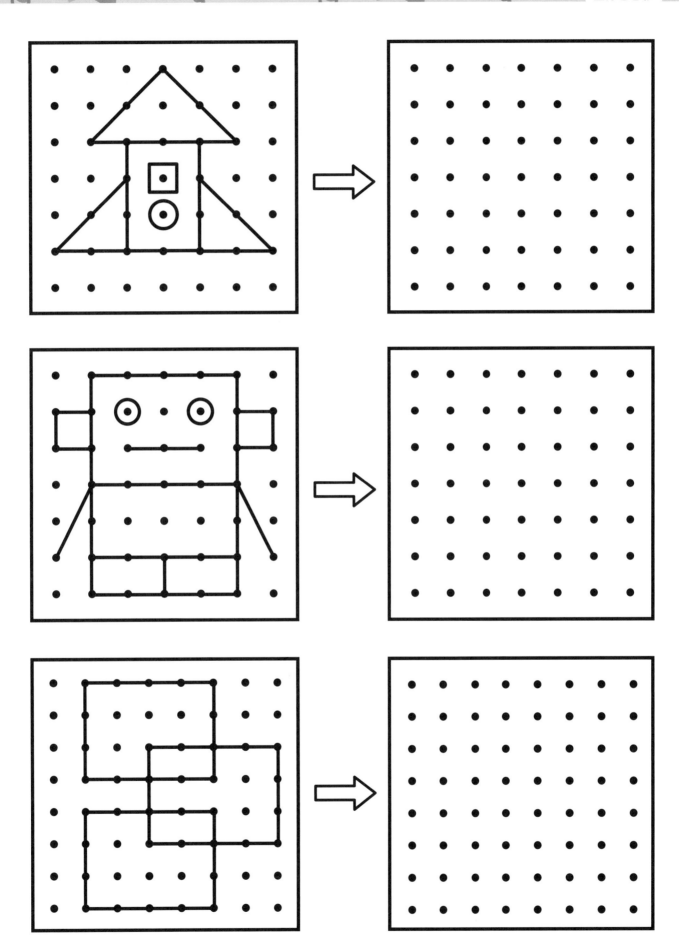

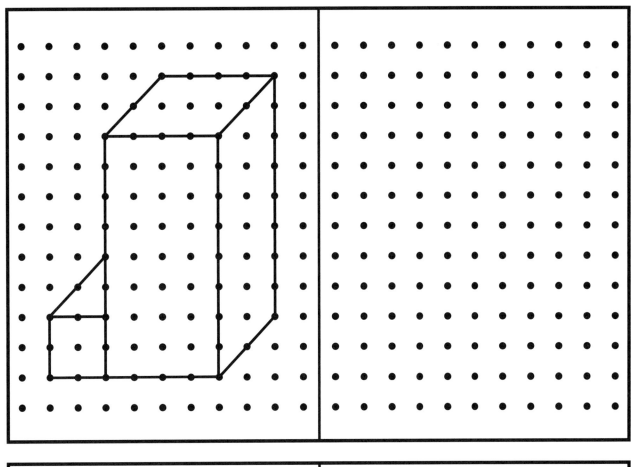

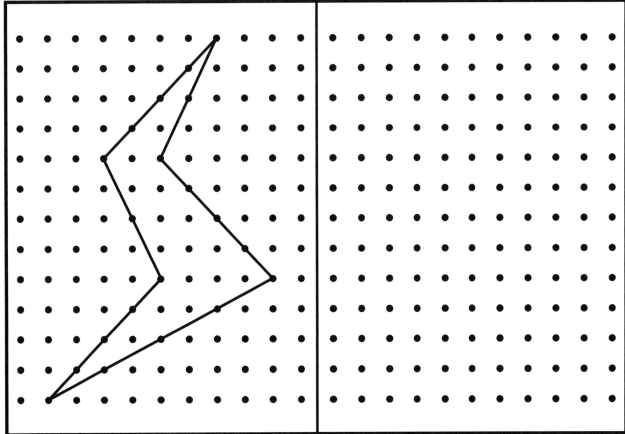

2分

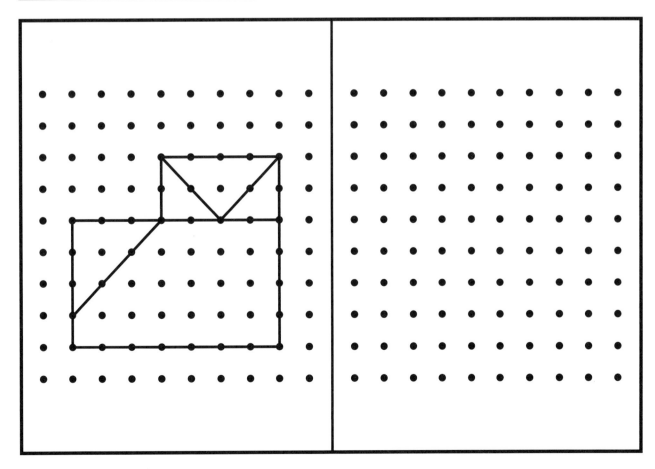

2分

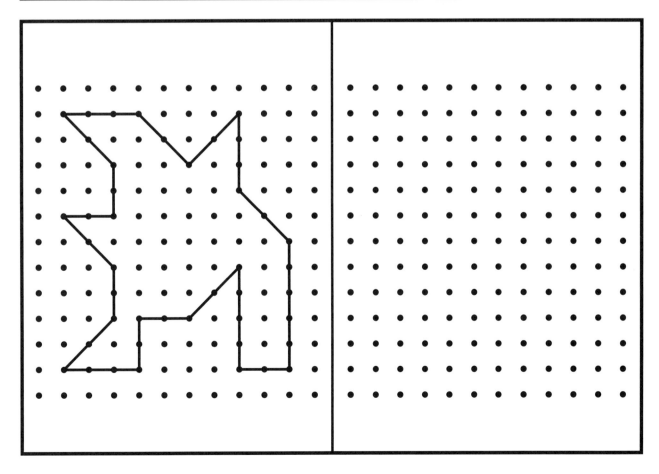

2分

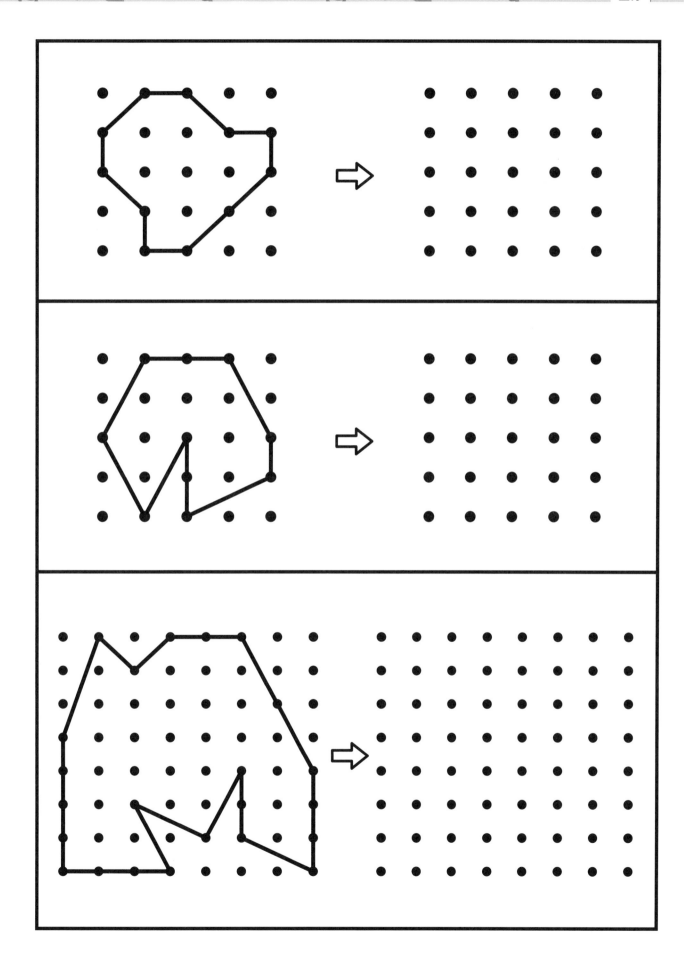

A

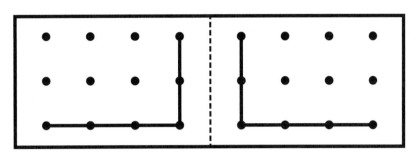

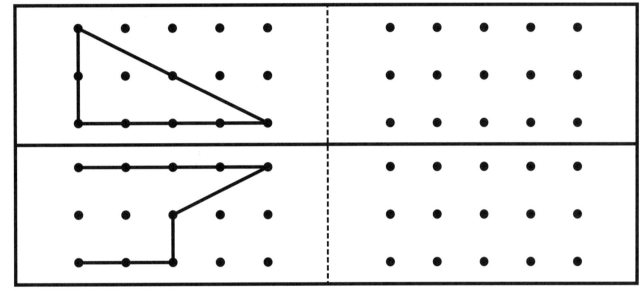

B

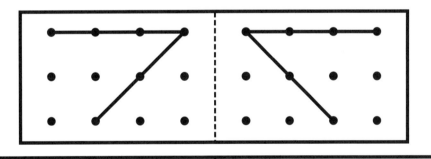

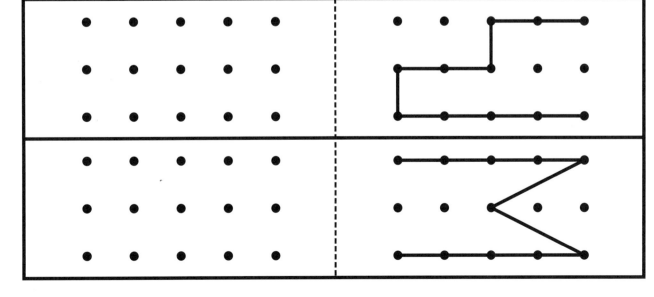

A

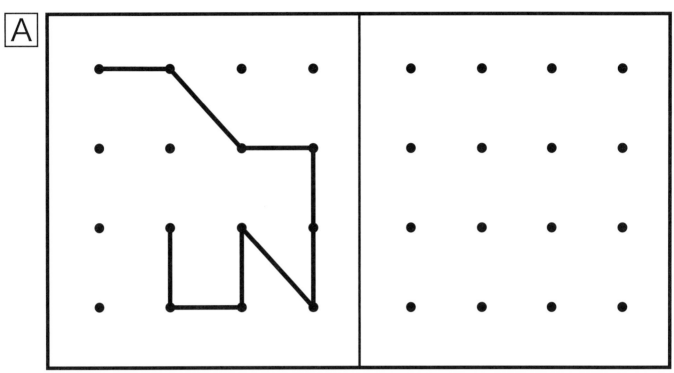

B

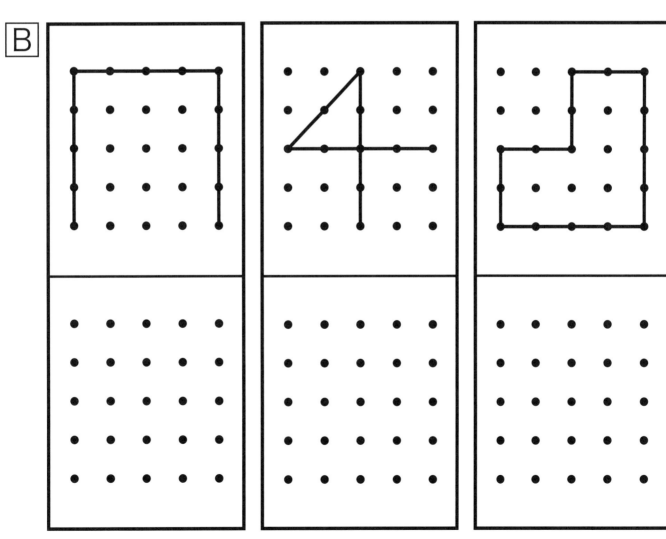

問題・解答例

　模写・点図形は、入学後の「文字を書く」学習につながります。
　「模写」は、お手本をよく観察してその通りにかき写すことが重要です。しっかりと丁寧にかくことを心掛けましょう。簡単な模写ほどとかく乱雑になりがちですから、どのような問題でも正しく、きちんとかき写しているかどうかに注意することが大切です。
　「点図形」は、お手本と解答欄の点の位置を正しく把握することが重要です。中には、点の数が多いもの、完成すると立体図になるものもあります。大人の感覚で難易度を判定せずに適切なヒントを与え、迅速かつ正確に取り組む習慣をつけるようにしましょう。

●保護者へのアドバイス

　この問題集に取り組む前に、お子さんにいろいろな線をたくさんかかせてみましょう。その際には、筆記用具の持ち方と姿勢をチェックします。利き手ではない方の手で紙をしっかり押さえ、体を起こして姿勢よく座っていますか。
　直線、曲線は文字を書く基本です。筆記用具を正しく持てなければ、きちんとした線はかけません。また筆記用具の持ち方が正しいお子さんは、おはしも正しく使えるはずです。このような物事への基本姿勢も、日ごろから大切にしていきましょう。

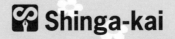
Shinga-kai

1 模写① ★★★

●上のお手本と同じになるように、下の四角にかきましょう。

時間	1回目	2回目	3回目
	1分30秒	1分15秒	1分

2 模写② ★★★

A
●上のお手本を見て、足りないところをそれぞれ下にかき足しましょう。

B
●上のお手本と同じになるように、下にかきましょう。

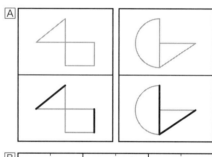

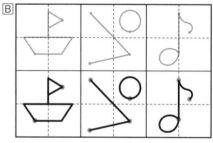

A 時間	1回目	2回目	3回目
	40秒	30秒	20秒

B 時間	1回目	2回目	3回目
	1分30秒	1分15秒	1分

3 模写③ ★★★

●上の絵（A、B、Cのうちどれか1つ）と同じように、点線の下の空いているところにかきましょう。

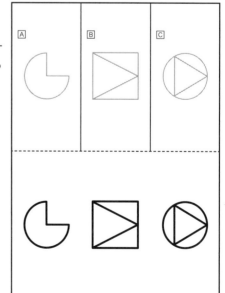

※どれか1つを下欄にかく

時間	1回目	2回目	3回目
	45秒	35秒	30秒

4 模写④ ★★★

A

●上のお手本と同じように、下にかきましょう。

B

●右側の絵を真ん中の線のところで左側にパタンと倒したとき、ちょうどピッタリ重なるように左側にかきましょう。

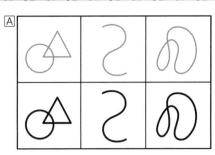

A 時間	1回目	2回目	3回目
	1分30秒	1分15秒	1分

B 時間	1回目	2回目	3回目
	1分	50秒	40秒

5 模写⑤ ★★★

A

●左のお手本と同じように、右にかきましょう。

B

●上のお手本と同じになるように、下の四角にかきましょう。

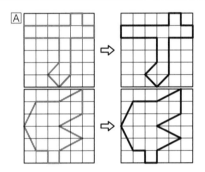

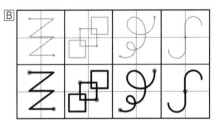

A 時間	1回目	2回目	3回目
	2分	1分40秒	1分15秒

B 時間	1回目	2回目	3回目
	2分	1分40秒	1分15秒

6 模写⑥ ★★★

●上のお手本と同じになるように塗り、足りないところをかき足しましょう。塗るときは、濃さの違いがわかるように塗りましょう。

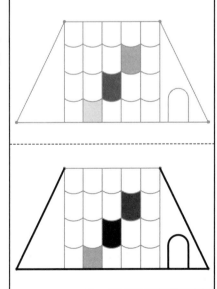

時間	1回目	2回目	3回目
	2分	1分40秒	1分20秒

7　模写⑦　★★★

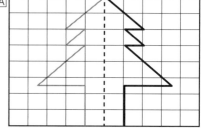

A

●絵の左側を真ん中の点線でパタンと折ったとき、ピッタリ重なるように右側に
線をかきましょう。

B

●左のお手本と同じになるように、右にかきましょう。

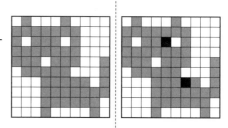

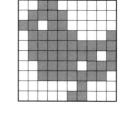

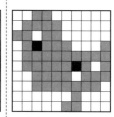

時間	1回目	2回目	3回目
A	45秒	35秒	30秒

時間	1回目	2回目	3回目
B	1分30秒	1分15秒	1分

8　模写⑧　★★★

●左の絵と同じになるように、右の絵の足りないところを塗りましょう。

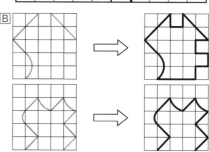

時間	1回目	2回目	3回目
	1分30秒	1分15秒	1分

9　模写⑨　★★★

●上のお手本と同じになるように、矢印の下にかきましょう。

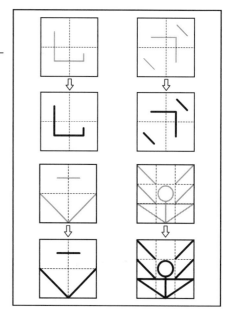

時間	1回目	2回目	3回目
	2分	1分40秒	1分20秒

10　模写⑩　　★★★

●左のお手本と同じになるように、矢印の右側にかきましょう。下まで全部やりましょう。

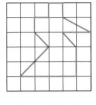

時間	1回目	2回目	3回目
	／2分15秒	／1分50秒	／1分30秒

11　模写⑪　　★★★

A
●左のお手本と同じになるように、右にかきましょう。

B
●左のお手本と同じになるように、それぞれ矢印の右にかきましょう。

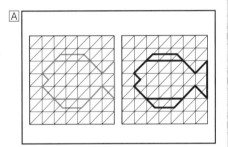

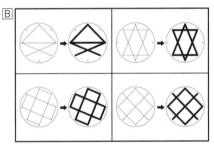

A 時間	1回目	2回目	3回目
	／1分45秒	／1分25秒	／1分10秒

B 時間	1回目	2回目	3回目
	／1分30秒	／1分15秒	／1分

12　模写・点図形　　★★★

●上のお手本と同じになるように、矢印の下の四角の中にかきましょう。

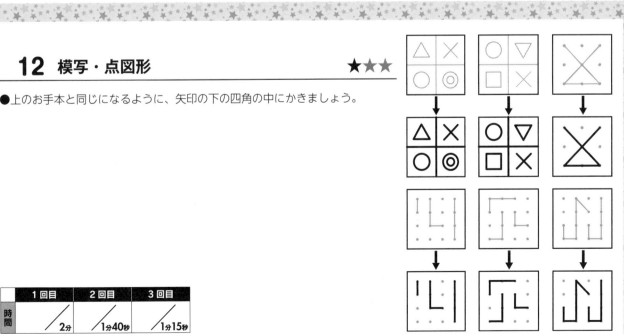

時間	1回目	2回目	3回目
	／2分	／1分40秒	／1分15秒

13　点図形①　　★★★

●左のお手本と同じになるように、右にかきましょう。

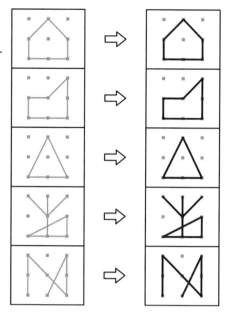

	1回目	2回目	3回目
時間	／2分	／1分40秒	／1分15秒

14　点図形②　　★★★

●それぞれ左のお手本と同じになるように、右の絵の足りないところをかき足しましょう。

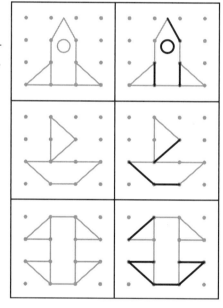

	1回目	2回目	3回目
時間	／2分	／1分40秒	／1分15秒

15　点図形③　　★★★

●左のお手本と同じになるように、右にかきましょう。

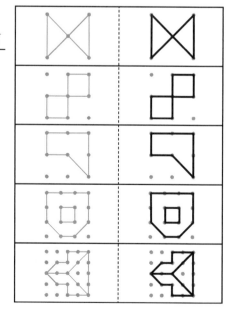

	1回目	2回目	3回目
時間	／2分15秒	／1分50秒	／1分30秒

16　点図形④　★★★

A
●左側のお手本と同じになるように、右側にかきましょう。

B
●左側のお手本を右にパタンと倒した様子を、右側にかきましょう。

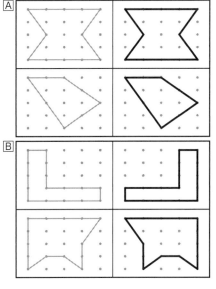

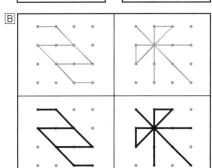

A	1回目	2回目	3回目
時間	1分10秒	1分	45秒

B	1回目	2回目	3回目
時間	2分	1分40秒	1分15秒

17　点図形⑤　★★★

A
●上の四角の中のお手本をよく見て、それぞれの下にお手本と同じ形をかきましょう。右の形は矢印のところからかき始めてください。

B
●上のお手本と同じになるように、下にかきましょう。

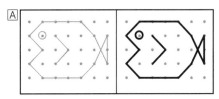

A	1回目	2回目	3回目
時間	1分30秒	1分15秒	1分

B	1回目	2回目	3回目
時間	1分30秒	1分15秒	1分

18　点図形⑥　★★★

A
●左のお手本と同じになるように、右にかきましょう。

B
●左のお手本と同じになるように、右にかきましょう。

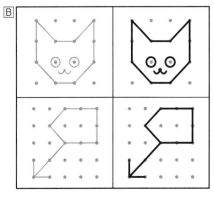

A	1回目	2回目	3回目
時間	1分10秒	1分	45秒

B	1回目	2回目	3回目
時間	1分30秒	1分15秒	1分

19 点図形⑦ ★★★

●左のお手本と同じになるように、右にかきましょう。

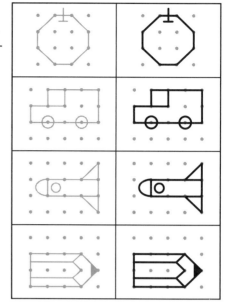

時間	1回目	2回目	3回目
	／2分	／1分40秒	／1分15秒

20 点図形⑧ ★★★

●左のお手本と同じになるように、右にかきましょう。

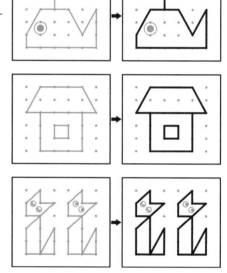

時間	1回目	2回目	3回目
	／2分15秒	／1分50秒	／1分30秒

21 点図形⑨ ★★★

●上の四角の中のお手本をよく見て、それぞれの下にお手本と同じ形をかきましょう。

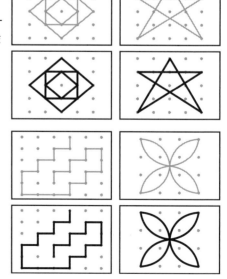

時間	1回目	2回目	3回目
	／2分15秒	／1分50秒	／1分30秒

22　点図形⑩　★★★

●上のお手本と同じになるように、すぐ下にかきましょう。

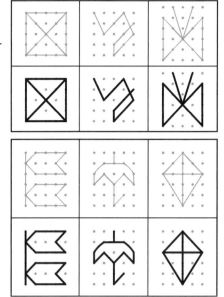

	1回目	2回目	3回目
時間	／3分	／2分30秒	／2分

23　点図形⑪　★★★

点線の左側のクマの絵が描かれた部分を例題として行った後、点線の右側を行う。

●上のお手本と同じになるように、すぐ下にかきましょう。もし間違えたら、2
　本線で消さずにさらにその下にかき直しましょう。

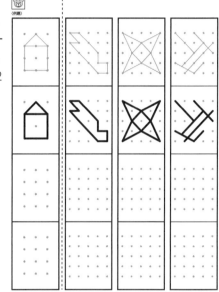

※例題を解く時間は含まない

	1回目	2回目	3回目
時間	／2分15秒	／1分50秒	／1分30秒

24　点図形⑫　★★★

●上のお手本と同じになるように、すぐ下にかきましょう。

	1回目	2回目	3回目
時間	／3分	／2分30秒	／2分

25　点図形⑬　　★★★

●左のお手本と同じになるように、右にかきましょう。下まで同じようにやって
　ください。

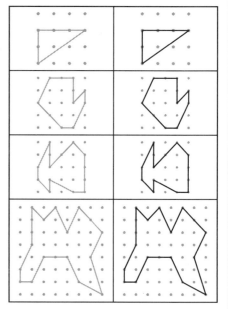

時間	1回目	2回目	3回目
	3分45秒	3分	2分30秒

26　点図形⑭　　★★★

●左のお手本と同じになるように、右にかきましょう。

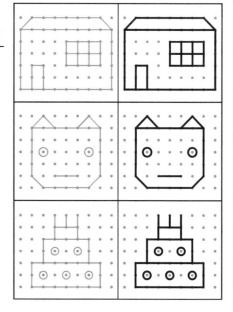

時間	1回目	2回目	3回目
	3分	2分30秒	2分

27　点図形⑮　　★★★

●左側のお手本と同じになるように、右側にかきましょう。

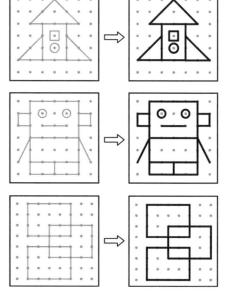

時間	1回目	2回目	3回目
	3分45秒	3分	2分30秒

28 点図形⑯ ★★★

●左のお手本と同じになるように、右にかきましょう。

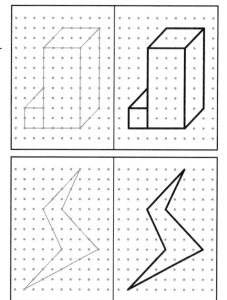

29 点図形⑰ ★★★

●左のお手本と同じになるように、右にかきましょう。

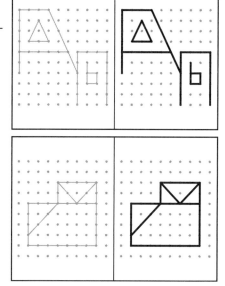

30 点図形⑱ ★★★

●左のお手本と同じになるように、右にかきましょう。

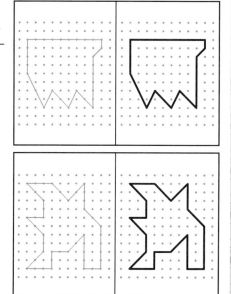

31　点図形⑲　★★★

●左のお手本と同じになるように、右にかきましょう。

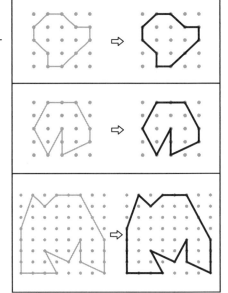

	1回目	2回目	3回目
時間	3分	2分30秒	2分

32　点図形⑳　★★★

A

●上の四角がお手本です。左の形を右にパタンと倒すと、右のようになります。では、下も同じように左の形を右にパタンと倒したらどのようになりますか。右側にかきましょう。

B

●上の四角がお手本です。右の形を左にパタンと倒すと、左のようになります。では、下も同じように右の形を左にパタンと倒したらどのようになりますか。左側にかきましょう。

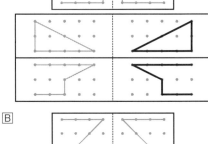
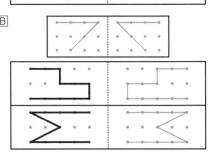

A	1回目	2回目	3回目
時間	1分10秒	1分	45秒

B	1回目	2回目	3回目
時間	1分10秒	1分	45秒

33　点図形㉑　★★★

A

●真ん中の線の上に鏡を置いたとき、左側の絵はどのように映りますか。右側にかきましょう。

B

●上のお手本を黒い線でパタンと下に倒すと、どのようになりますか。下にかきましょう。

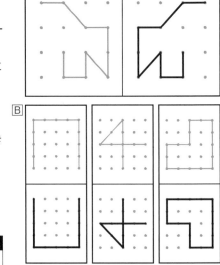

A	1回目	2回目	3回目
時間	1分	50秒	40秒

B	1回目	2回目	3回目
時間	2分15秒	1分50秒	1分